I0394155

DIESES BUCH GEHÖRT:

www.ingramcontent.com/pod-product-compliance
Lightning Source LLC
Chambersburg PA
CBHW021841170526
45157CB00007B/2875
* 9 7 8 1 0 7 4 7 5 1 1 3 5 *